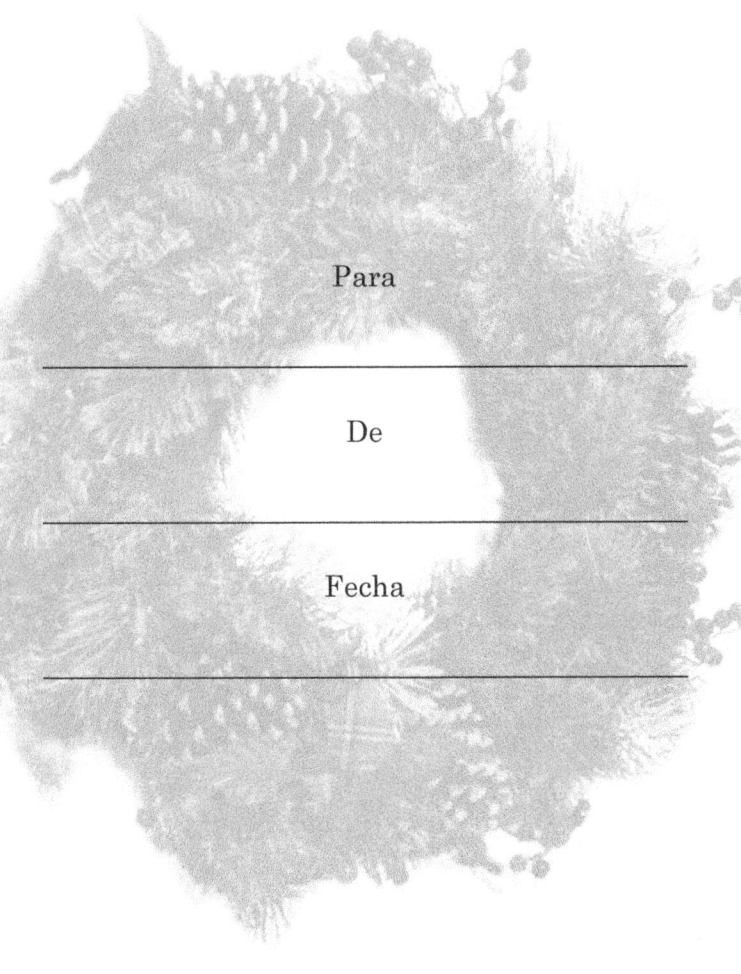

De la serie "Convertirse en Anclado"

Mensajes de Consuelo y Alegría

30 Devocionales de Navidad

Thomas Bratton

Butterfly Books Publishing

Mensaje de Consuelo y Alegría: 30 Devocionales para Navidad
Derecho de autor © Thomas Bratton 2025.
Publicado por Butterfly Books Publishing. Butterfly Books Publishing es una editorial independiente.

Diseño de la portada por Butterfly Books Publishing
Diseño interior por Butterfly Books Publishing
Editado y corregido por Butterfly Books Publishing
Créditos de las fotos: Thomas Bratton
Traducido por Ariel González de ESP Language Toolbox

Impreso en los Estados Unidos de América

ISBN-13 (cubierta dura): 978-1-965652-47-3

Todos los derechos reservados. Esta publicación está licenciada solo para su disfrute personal. Ninguna parte de esta publicación puede ser revendida, reproducida, distribuida o transmitida de ninguna forma ni por ningún medio, incluyendo fotocopiado, grabación u otros métodos electrónicos o mecánicos sin el permiso previo por escrito del autor, excepto en el caso de citas breves incorporadas en reseñas u otros usos no comerciales permitidos por la ley de derechos de autor.

Todas las citas bíblicas, a menos que se indique lo contrario, son tomadas de la New King James Versión®. Copyright © 1982 por Thomas Nelson. Usado con permiso. Todos los derechos reservados.

Las citas bíblicas marcadas (NIV) son tomadas de la Santa Biblia, Nueva Versión Internacional® NIV®. Copyright ©1973, 1978, 1984, 2011 por Bí`blica, Inc.™ Usado con permiso de Zondervan. Todos los derechos reservados en todo el mundo. www.zondervan.com El "NIV" y "New International Version" son marcas registradas en la Oficina de Patentes y Marcas de los Estados Unidos por Biblica, Inc.™

Las citas bíblicas marcadas (ERV) son tomadas de la SANTA BIBLIA: VERSIÓN FÁCIL DE LEER © 2001 por World Bible Translation Center, Inc. y usadas con permiso.

Las citas bíblicas marcadas (NLT) son tomadas de la Santa Biblia, Nueva Traducción Viviente, copyright ©1996, 2004, 2015 por Tyndale House Foundation. Usado con permiso de Tyndale House Publishers, Inc., Carol Stream, Illinois 60188. Todos los derechos reservados.

Las citas bíblicas marcadas (TLV) son tomadas de las Sagradas Escrituras, Versión Árbol de la Vida. Copyright © 2014, 2016 por la Tree of Life Bible Society. Usado con permiso de la Tree of Life Bible Society.

Las citas bíblicas tomadas de la New American Standard Bible® (NASB), Copyright © 1960, 1962, 1963, 1968, 1971, 1972, 1973, 1975, 1977, 1995 por The Lockman Foundation. Usado con permiso. Www.Lockman.org.

Contenido

Agradecimientos 1
Prólogo 3
Día 1 5
Día 2 7
Día 3 8
Día 4 9
Día 5 11
Día 6 13
Día 7 15
Día 8 17
Día 9 19
Día 10 21
Día 11 23
Día 12 25
Día 13 27
Día 14 28
Día 15 29
Día 16 31
Día 17 33
Día 18 35
Día 19 36
Día 20 37
Día 21 39
Día 22 41
Día 23 43
Día 24 45
Día 25 47

Día 26 49

Día 27 51

Día 28 53

Día 29 55

Día 30 57

Bono 59

Mi motivación para escribir *Mensajes de Consuelo y Alegría* 61

La Historia de La Navidad Tomado y combinado de los Evangelios de Mateo y Lucas 63

Visitantes 67

Regalar y Dar 68

Recuerdos de La Navidad 69

Actos de bondad 70

Recursos Adicionales 71

Becoming Anchored 72

Gracias 73

Agradecimientos

Quisiera tomarme un momento para agradecer a todas las personas que me inspiraron, me animaron y oraron por mí. Estoy verdaderamente agradecido con mi amada esposa Gina, quien siempre hizo lo posible por trabajar en paz mientras yo escribía. A veces esto era todo un reto, ya que no tengo un espacio dedicado para escribir más allá de la mesa del comedor. Gina siempre me ha apoyado y continúa apoyando mi misión de escribir devocionales para que otros los disfruten.

Escribí este libro con la esperanza de terminarlo para Navidad, para que pudieran disfrutar las palabras que Dios puso en mi corazón durante las fiestas. Terminarlo un mes antes fue realmente una bendición de Dios, quien me llevó hasta mi entrenadora de escritura, Katelyn. Ella me ayudó con la edición, el formato y el diseño de la portada tal como lo imaginé. Katelyn me ayudó a mantenerme responsable para alcanzar mis metas.

En memoria de mis padres, me siento bendecido por haber tenido unos padres que siempre apoyaron todo lo que hice y me animaron a seguir adelante cuando las cosas se ponían difíciles. ¡Los amo a ambos!
En los devocionales incluí algunas historias de amigos que tuvieron la amabilidad de compartir algunos de sus recuerdos más entrañables, tradiciones y también algunos desafíos. Gracias:

Mi hermano Richard
Ted & Suzette
Jim
Renee
Leslie Cameron
Susan
Y a algunos que prefirieron permanecer en el anonimato,

Gracias, me siento verdaderamente bendecido y honrado.
Que Dios les bendiga.
Thomas Bratton

Prólogo

La Navidad puede ser una época de sentimientos encontrados. Para algunos, es tiempo de familia, calidez y celebraciones de todo tipo. Para otros, trae consigo retos difíciles y un aumento de estrés. Y para otros, puede incluso traer tristeza y un recuerdo más profundo de seres queridos que ya no están.

Cuando Tom compartió conmigo su deseo de que este devocional se enfocara en los recuerdos especiales y las bendiciones de la Navidad como un mensaje de esperanza, supe que sería algo único y especial.
Mi oración es que Dios lo use para tocar tu corazón y recordarte que nunca estás solo y que eres amado más allá de lo que puedas imaginar.

Este devocional está lleno de ideas especiales, palabras de ánimo y recordatorios de que, sin importar cómo se vea la Navidad para ti, siempre hay gozo y paz por experimentar al enfocarte en el verdadero regalo que es Jesús. Todo lo demás es una manifestación de Su amor y una especie de bendición extra especial.

Disfruta cada día y recuerda que Su esperanza vive en ti, tanto en las cumbres como en los valles.
Katelyn Silva – We Write Books
Autora. Oradora. Mentora.

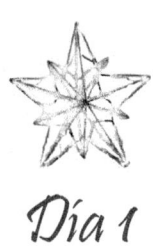

Día 1

Muy bien, el Señor mismo les dará la señal. ¡Miren! La virgen concebirá un niño. Dará a luz un hijo y lo llamarán Emanuel (que significa 'Dios está con nosotros'). Isaías 7:14 (NTV)

Las profecías de Isaías se cumplieron justo en el momento adecuado.

Dios está con nosotros. ¡Sí, así es! Isaías conocía la fe inquebrantable. Dios se le reveló. Lo ha hecho antes y sigue haciéndolo hoy en día. Sin embargo, ¿cuántas personas tienen la misma fe que tenía Isaías? ¿Por qué tanta incertidumbre? La única explicación que tengo es que realmente no escuchamos. Sí, vamos a la iglesia, escuchamos el sermón, tal vez leemos algunos versículos bíblicos durante la semana y tratamos de vivir de manera que Dios apruebe. Al menos, eso es lo que pensamos. ¿Cierto? Quizás imaginamos lo que Dios podría decir si realmente estuviéramos presentes escuchándolo. ¿Será que la falta de estar verdaderamente presentes se debe a que tal vez no nos guste lo que Él tiene que decirnos?

Se nos instruye a temer al Señor: con amor y respeto. No se trata de temer que nos haga daño, sino de tener tal amor y respeto que deseamos agradarle y estar en Su presencia. Dios nos ama y quiere lo mejor para nosotros. Normalmente, mejor de lo que imaginamos. ¡En Su tiempo!

El otro día escuché a Joel Osteen y dijo algo que realmente me hizo reflexionar. Hace años, Joel pasó por algo que fue injusto, incorrecto y le dejó preguntándose: "¿Por qué a mí?" Seguro que te identificas: "¿Por qué a mí?", ¿verdad? Pues bien, 16 años después se enfrentó a otra situación; sí, 16 años. Esta vez, Joel fue a la batalla preparado, sin ansiedad por nada, y tuvo éxito. Fue el momento en que Lakewood compró el Compaq Center. Ahora sabe que el incidente que vivió 16 años antes fue preparándole para cuando realmente importaba.

¿Estás preparado para cuando el Señor te dé una señal?

En esta temporada navideña te animo —te invito— a que pases un tiempo con Dios.

DALE, GRACIAS. Da gracias a Dios por Su amor, por Su guía, por protegerte y consolarte, y por las personas que ha puesto en tu vida. Agradécele por todo lo que te ha bendecido. Solo agradécele.

Muchas personas viven la vida como si fuera una catástrofe tras otra. Si eres una de ellas, ¡detén ese pensamiento negativo en este momento! Alégrate por lo que Dios tiene preparado para ti. "Porque yo conozco los planes que tengo para ustedes —afirma el Señor—, planes de bienestar y no de calamidad, a fin de darles un futuro y una esperanza" (Jeremías 29:11).

Busca oportunidades para ayudar a los demás con los dones que se te han concedido. ¡Tu copa rebosa!

Oración

Señor, gracias por el tiempo para descansar, por el tiempo para renovar mis energías, por el tiempo para conocerte más. Gracias por permitirme estar con mi familia y amigos. Te pido que me transformes en una nueva persona cambiando mi manera de pensar. Muéstrame cómo tener más tiempo para lo que realmente importa en esta vida y en la próxima, en el nombre de Jesús, amén.

Día 2

La temporada navideña es un tiempo de agradecimiento, de anticipación y de reflexión sobre las relaciones que tenemos con los demás y con Jesús. La temporada comienza con el Adviento: la espera del Mesías. Pasamos tanto tiempo ocupados con la vida; literalmente vivimos a toda velocidad. Nuestras listas de tareas nunca acaban y llega a ser abrumador, literalmente dictando lo que hacemos y cuándo lo hacemos.

¡Debe haber un momento para detenernos! Un tiempo para ser amables con los demás y también con nosotros mismos.

Dios quiso que descansáramos. Dios también quiere que demos bendiciones a otros, así como Él te ha bendecido a ti. Dios desea formar parte de tu vida en cada aspecto. ¿No le invitarás hoy a tu vida?

¿Reflejan tus relaciones con los demás la bondad de Jesús?

¿Cómo vas a encontrar tiempo para renovarte y recobrar el control de tu vida? ¿Incluirá a Dios?

Haz un repaso de tus relaciones. Pregúntate: ¿sobre quién ves a Jesús, y los demás, ven a Jesús en ti?

¿Qué relaciones necesitan ser cuidadas y atendidas?

Pues ni aun el Hijo del Hombre vino para que le sirvan, sino para servir a otros y para dar su vida en rescate por muchos Marcos 10:45

Oración

Señor, gracias por el tiempo para descansar, por el tiempo para renovar mis energías, por el tiempo para conocerte más. Gracias por permitirme estar con mi familia y amigos. Te pido que me transformes en una nueva persona cambiando mi manera de pensar. Muéstrame cómo tener más tiempo para lo que realmente importa en esta vida y en la próxima, en el nombre de Jesús, amén.

Día 3

María tenía una fe inmensa y halló gracia ante Dios. A pesar de ser virgen y estar a punto de casarse con José, un descendiente del rey David, ¿cómo podría explicar su embarazo? María confió en Dios, creyendo que todo sucedería conforme a Sus planes. María fue donde José y le dijo: "Un ángel se me apareció y dijo que daría a luz a un hijo, y lo llamaremos Jesús."

José estaba considerando si debía casarse con María. Entonces, un ángel se le apareció y le dijo que no tuviera miedo y que María era la elegida. El ángel le indicó a José que continuara adelante con el matrimonio.

La obediencia de José también requirió una gran fe.

"Es pues, la fe, la certeza de lo que se espera, la convicción de lo que no se ve." Hebreos 11:1

Recuerda esto:
Dios también tiene un plan con nosotros. Incluso en tiempos de adversidad, cuando las cosas parecen difíciles de comprender, mantén la fe como hizo María. Y confía que lograremos grandes cosas según la voluntad de Dios para nosotros, viviendo rectamente y teniendo fe.

Oración

Padre, te damos gracias por tus promesas y por tu amor inquebrantable hacia nosotros. Por favor, concédenos la fe que tuvo María y ayúdanos a confiar más en ti, incluso en los momentos difíciles. En el nombre de Jesús, amén.

Día 4

¿Has leído la historia de Jesús en esta temporada navideña? Adóralo durante el día a través de la Escritura y la oración, la meditación y escribiendo en tu diario tus pensamientos. **Jesús** es la **razón** de esta **temporada**.

Pídele a Jesús: "¿Cuál es mi lugar aquí en la tierra? ¿Cómo puedo ser un mejor siervo para ti, Señor?" Toma tiempo para sentarte en silencio y anotar en tu diario lo que Él le dice a tu espíritu.

Muy a menudo nos vemos envueltos en cada ajetreo durante la temporada navideña. Preparándonos para reuniones familiares; viendo amigos, tanto nuevos como los de siempre, y todos los regalos que creemos que son imprescindibles para dar a los demás; haciendo compras y preparando comidas; y también queremos lucir lo mejor posible cuando nos reunimos con los demás, cuando organizamos algo o cuando vamos a algún evento. La lista sigue y sigue y sigue.

Trabajamos y tenemos familias que dependen de nosotros para muchas cosas. Recordamos a seres queridos que ya no están y sentimos su ausencia. Intentamos ser amables con los demás y causar una buena impresión incluso a quienes nos tratan mal. Nos reunimos con personas que no nos agradan, pero aun así ponemos una sonrisa y representamos nuestro papel.

Hmm. Solo pensar en intentar que todo sea perfecto resulta estresante y nos hace perder de vista lo que realmente importa. Nos damos cuenta de que hay un problema solo cuando estamos tan estresados que nos mostramos gruñones, cansados y de mal humor.

En los tiempos en que Jesús ministraba a otros, una mujer llamada Marta invitó a Jesús a su casa y estaba muy ocupada preparando una comida maravillosa para Él. María, la hermana de Marta, estaba sentada junto a Jesús, escuchándole y dándole prioridad al pasar tiempo con Él. Marta se sintió celosa y enfadada porque María estaba pasando tiempo con Jesús en lugar de ayudarla, ¡pues ella también quería pasar tiempo con Jesús! Lucas 10:38-42.

¿Cómo podemos manejar y organizar nuestro tiempo para estar en compañía de nuestros invitados, con las personas con las que queremos pasar tiempo, y a la misma vez atenderlos de manera hospitalaria?

Primero, distingue entre "manejar" y "gestionar". Gestionar implica cómo pasar de la preparación a la ejecución de tus ideas. Comienza con una lista y deja el resto en manos de Dios. Él te mostrará lo que realmente es importante para que puedas manejar mejor tus expectativas y emociones, y así evitar la decepción. Recuerda la "**Razón** de la **Temporada**".

¿Cuándo fue la última vez que pasaste tiempo a solas con Jesús?

Oración

Jesús, nos maravillamos de ti, nuestro "Mesías". Te pido que, en medio de todo el ajetreo de la temporada navideña, me ayudes a no perderme entre los preparativos y la planificación. No permitas que esto me prive del privilegio de estar contigo. Permíteme reflejar tu amor para que otros puedan abrirte su corazón. Que este sea un tiempo para celebrarte y no estar apurados ni ansiosos por nada. Que sea un momento para dejar a un lado todo lo que no sea reflejo de tu bondad, tu amabilidad y tu amor. En el nombre de Jesús, amén.

Día 5

Dios es amor, el amor es bondadoso

¿Has escuchado que la Navidad es una época mágica del año? Tenemos tanto de que estar agradecidos, la Navidad es un tiempo de alegría, trae paz a todos. Dios es amoroso; la Biblia dice, "Dios es amor" (1 Juan 4:8) y ese amor es bondadoso (1 Cor. 13:4).

Sea lo que sea por lo que estés pasando, Él promete traerte paz. Quiere que estemos en paz y no ansiosos por nada. ¿Qué más podrías desear con los maravillosos regalos con los que Dios ya te ha bendecido?

Una de las bendiciones de la Navidad es reunirse con amigos y familiares. Es tiempo de dar gracias. Hay tanta magia en el ambiente durante la Navidad. Disfrutar de los pasteles y galletas recién horneados, ver a los niños desenvolver los regalos que les ha traído Papá Noel, contemplar la nieve caer en la Nochebuena. Estos son solo algunos de los deseos que nacen cuando depositamos toda nuestra esperanza en Jesús.

¿Tienes una relación personal con Jesús?
¿Cómo expresas tu amor a los demás?
¿Cuándo fue la última vez que horneaste algo para tu vecino?

*«**Ama** al Señor tu Dios con todo tu corazón, con toda tu alma, con toda tu mente y con todas tus fuerzas». El segundo es igualmente importante: «**Ama** a tu prójimo como a ti mismo». No hay ningún mandamiento más grande que estos.» (Marcos 12:30-31 NVI).*

Tómate un tiempo esta temporada navideña para hacer algo bueno por otra persona, aun cuando no te apetece. Recuerda que Jesús vino a este mundo para servir a los demás; nosotros deberíamos seguir su ejemplo.

Oración

Padre celestial, gracias por todo lo que has hecho por mí y por mi familia. Gracias por vecinos tan maravillosos. Gracias por mis amigos. Te pido que los bendigas y les hagas saber cuánto los amas. Y cuando la temporada navideña comience y termine, que nos bendigas a todos con tu amor y nos des la oportunidad de compartir ese amor cada día del año. En el nombre de Jesús, amén.

Día 6

La expectativa es algo que todos esperamos con ilusión. José y María esperaban con gozo ser bendecidos con el nacimiento del Mesías. El pequeño bebé Jesús era el Mesías que los profetas habían anunciado, que vendría a este mundo como un niño, sería nuestro maestro, nos liberaría del mundo pecador y sería nuestro salvador. Los sabios también oyeron hablar de la venida de Jesús y, mientras trabajaban hasta tarde una noche, escucharon una voz y miraron al cielo, encontrando la estrella que les llevó hasta donde estaba Jesús con Sus padres.

Tener un bebé es motivo de celebración y una bendición para la familia. Recuerdo cómo mi madre admiraba a los bebés; le daban una alegría inmensa. Dicen que nada trae más felicidad que una nueva criatura. Todavía puedo ver cómo se iluminaba su rostro cuando jugaba con alguno de sus nietos. Realmente no hay nada más adorable que la sonrisa de un bebé dirigida a ti.

Mi hermano se convirtió en abuelo a principios de este año. No hay nada más grandioso que convertirse en abuelo por primera vez. Es como revivir el pasado mientras recuerdas cuando tuviste a tus propios hijos. Pequeños bultitos de alegría con los que te diviertes jugando mientras ves cómo crecen y aprenden cosas nuevas. Los bebés son tan graciosos que no puedes evitar reírte con ellos y abrazarlos. Mi hermano me cuenta que esta nieta es como un soplo de aire fresco. Está eternamente agradecido de haber criado a sus propios hijos y ahora de tener una nieta.

Haría cualquier cosa por ella y nada es más importante para él que su familia.

¿Cómo te hacen sentir las expresiones de un bebé?

Al igual que la expectación por Jesús, ¿no sientes la misma ilusión cuando tú o alguien cercano está esperando un bebé?

Porque un niño nos es nacido,
hijo nos es dado;
y el principado sobre su hombre.
Y se llamará su nombre
Admirable, Consejero, Dios Fuerte
Padre Eterno, Príncipe de Paz
   Isaías 9:6

Oración

Padre Celestial, gracias por la alegría de los bebés, por los sentimientos que tenemos durante la espera de la madre, trayendo esperanza mientras esperamos el milagroso regalo de un recién nacido. Al celebrar la Navidad este año, permítenos recordar la anticipación de aquellos que esperaban el nacimiento de Jesús y la esperanza que Él trajo al mundo entonces y ahora, en el nombre de Jesús, amén.

Día 7

Dios se complace contigo cuando muestras bondad a los demás. Sé paciente, compasivo con los demás y no pienses que eres mejor que ellos; muestra una preocupación genuina por los demás, no solo durante la temporada navideña. Sé esta persona todos los días, para que otros puedan ver a Dios a través de ti.

Puedes ejemplificar quién es Dios dejando que alguien pase antes que tú en la fila, abriendo la puerta para alguien, ayudando a tu vecino, o escuchando y estando presente para alguien cuando lo necesite. ¿Cómo has sentido cuando no tenías a nadie para escucharte durante un momento difícil? ¿Solo? Pero cuando Dios pone a alguien en tu vida, esa soledad se desvanece y, en cambio, te sientes visto, escuchado y amado.

Cuando eres amable con los demás, ellos serán amables contigo. La vida es un reflejo de ti mismo. Refleja el amor que Dios tiene por ti para que Su luz brille a través de ti.

¿Recuerdas los dichos: "cosechas lo que siembras", y "No hagas a los demás lo que no quieres que te hagan a ti"?

En esta temporada navideña, permite que la luz de Dios brille sobre ti para que puedas ser una bendición para los demás. En ocasiones consideramos aceptable solo ser recipientes de bendiciones. Sin embargo, no dejes que tu generosidad sea por una razón en particular, incluso si esa razón son las bendiciones que llegan. Da generosamente por el simple hecho de dar y por la alegría. Dios conoce tu corazón y tú mismo sabes si tienes deseos egoístas. Suelta esos deseos egoístas y ora.

Por favor, acepta el don de dar como tu bendición.

"Y amarlo con todo el corazón, con todo el entendimiento y con todas las fuerzas, y amar al prójimo como a uno mismo, es más que todos los holocaustos y sacrificios" Marcos 12:33. (NTV)

Oración

Padre Celestial, muchas gracias por tu comprensión, tu compasión y tu amor por mí y por los demás. Oro para que, con tu ayuda, yo también sea una persona que muestre bondad a los demás. Examina mi corazón, oh, Señor, y conoce que es sincero, y ayúdame a limpiar mi jardín de cualquier deseo egoísta. En el nombre de Jesús, amén.

Día 8

La noche antes de Navidad puede ser agotadora y, al mismo tiempo, emocionante al hacer los preparativos de último minuto para el día siguiente. En lugar de pensar en cortar el pavo, dedica un poco de tiempo a hacer algo que te brinde paz y tranquilidad para reducir el estrés. Recuerda la razón de la temporada. Si estás estresado, probablemente tampoco sea agradable para el Señor. Pide su guía y agradécele por todo lo que ha hecho.

El estrés puede venir de sentirse abrumado, especialmente durante las fiestas. Es agradable para nuestra familia y amigos para disfrutar de las festividades. Sin embargo, debemos recordarnos que merecemos también los mismos placeres junto a ellos.

¿Cuáles son algunas maneras de asegurarte de tener una MUY Feliz Navidad con tus seres queridos?

Adelante, haz una lista de lo que disfrutas. Contempla la idea de recibir ayuda de tus invitados —tu familia— para que todos colaboren. ¿Sabes qué? Cuando otras personas participan, se sienten más apreciadas. Confía en ellos para que ayuden con la cena, limpiar después o tal vez ayuden con las decoraciones. ¿Por qué no lo intentas?

Haz que esta Navidad sea memorable por muchos años.

"No se preocupen por nada; en cambio, oren por todo. Díganle a Dios lo que necesitan y denle gracias por todo lo que él ha hecho. Y la paz de Dios, que sobrepasa todo entendimiento, cuidara sus corazones y sus pensamientos en Cristo Jesús." Filipenses 4:6-7. (NTV)

Oración

Señor, gracias por cada día. Ayúdame a recordar y estar presente en la Navidad. Ayúdame a encontrar el equilibrio adecuado entre ser un buen anfitrión y disfrutar todas las cosas buenas que has dado para la Navidad. En el nombre de Jesús, amén.

Día 9

Tengo un amigo, hombre de familia quien es parte de una pequeña comunidad a quien conocí en la iglesia. Vive justo fuera del pueblo y trabaja su propia tierra. Hoy en día, no hay muchas personas íntegras que trabajen su propia tierra. Lo conocí por primera vez en un programa llamado Ministerio de Stephen en nuestra iglesia, donde cuidaba de recibir a los visitantes. Fue agradable reunirme con él y pronto convertirnos en amigos, mientras me mostraba la iglesia y me presentó a muchas personas. También me convertí en Ministro de Stephen.

Años después, él estaba conversando cuando de repente, le propuso matrimonio a su encantadora novia de aquel entonces. Ella es su esposa ahora y compañera desde hace treinta años. Su propuesta fue después de seis años y ocurrió en el día de Navidad, antes de consumar el matrimonio.

Ese día, mi amigo y su futura prometida abrían los regalos en la mañana de Navidad cuando de repente, alguien dijo: "¡Hay otro paquete en el árbol!" Todos esperaban con entusiasmo a que ella abriera el regalo. Cuando lo hizo, apareció un oso sentado sobre un bloque de hielo con una caña de pescar. Todos decían: "Mira, mira, hay algo atado al extremo."

En ese momento, mi amigo se arrodilló y le propuso matrimonio con la pregunta: "¿Quieres casarte conmigo?"
Ella dijo: "Sí, sí, lo haré. Te amo con todo mi corazón."
Con lágrimas fluyendo durante esta emotiva sorpresa, él se dio cuenta en ese momento de lo bendecido que era. Hasta el día de hoy, comenta cómo casarse con ella cambio su vida.

¿Has sido sorprendido en Navidad, o has sorprendido a alguien con **un regalo?**
¿Qué bendiciones guardas cerca de tu corazón en la Navidad que cambio tu vida?

"El que encuentra esposa, encuentra algo bueno y recibe el favor del SEÑOR." Proverbios 18:22 (NLT)

Oración

Padre celestial, la Navidad es un tiempo sobrenatural del año. Permite que esta Navidad no sea diferente. Que tu paz, extienda tu amor y bondad por el mundo en este día y todos los días después. Señor, necesitamos un poco de alegría en nuestras vidas. Han ocurrido tantos desastres, tristeza, soledad y personas sin hogar. Por favor, Señor, permite que la estrella que guió a los 3 Reyes Magos hacia Jesús, brille intensamente esta temporada navideña, trayendo esperanza, paz y alegría a todos. En el nombre de Jesús, amén.

Día 10

A través del año hemos celebrado muchas victorias y logros, y hemos recibido alegría en el camino, pero también es posible que hayamos cometido algunos errores. Te invito y animo a que olvides esos errores y en su lugar te enfoques y agradezcas todo lo que Dios ha hecho, y lleves con orgullo las bendiciones que Él ha derramado sobre ti.

A veces olvidamos que lo más importante es estar agradecidos por nuestra salud. Una querida amiga mía tuvo parálisis de Bell, un trastorno neurológico que causa parálisis en un lado de la cara. Esto le duró varios meses. Ella seguía yendo a trabajar y soportaba el dolor y las molestias que venían con la parálisis. Durante este periodo su hija estaba por graduarse del entrenamiento militar y ella no dudó en tomar un avión para poder estar con ella. Continuó sacando lo mejor de cada situación y con oraciones superó este trastorno neurológico y está agradecida con Dios por ayudarla en el camino. Esto me recuerda al poema "Huellas en la arena".

Cuando solo ves un par de huellas en la arena, es cuando Jesús te lleva en sus brazos. ¡Supera la enfermedad!

Todos enfrentamos luchas a lo largo de la vida y, sin embargo, cada uno va en un camino diferente. Algunas luchas no son menos graves que otras, mientras que algunas pueden ser totalmente irreversibles y difíciles para continuar. Sabemos que con Dios todo es posible, así que ponemos nuestra confianza y fe en Él.

¿Cómo superas las dificultades de la vida?
¿Qué necesitas dejar atrás para avanzar bajo Su gracia?
¿Has agradecido a Dios por ayudarte?

«*No, amados hermanos no lo he logrado, pero me concentro únicamente en esto: olvido el pasado y fijo la mirada en lo que tengo por delante, y así avanzo hasta llegar al final de la carrera y recibir el premio celestial al cual Dios nos llama por medio de Cristo Jesús.*»
Filipenses 3:13-14

Oración

Padre celestial, gracias por todo lo que has hecho por mí y por todo lo que tienes planeado para mí este próximo año. Ayúdame a dejar mis heridas y errores del pasado con un corazón abierto a recibir tu bendición. Fortaléceme delante de los desafíos y concédeme un corazón agradecido para no tomar las cosas en vano. Permíteme ser una bendición sobre los demás y darte la gloria, en el nombre de Jesús, amén...

Día 11

Jesús les dijo: "¡No! Las Escrituras dicen: 'La gente no viven solo de pan, sino de cada palabra que sale de la boca de Dios.'"
Mateo 4:4 (NTV)

Jesús nos invita a vivir conforme a la palabra de Dios. Y Él lo vivió como nuestro ejemplo perfecto. A menudo durante la temporada navideña, tendremos momentos para demostrar esto a los demás en la forma en que nos comportamos —tal vez mientras hacemos compras o cuando acompañamos a quienes están sufriendo en esta época del año. Pero a veces, no siempre es fácil o evidente saber cómo es "vivir conforme a la Palabra de Dios".

Para empezar, Ama a Dios con todo tu corazón, alma, mente y fuerzas. Síguelo y al ejemplo de Cristo, como dice el viejo refrán: "¿Qué haría Jesús?" Ama a los demás como Él te ama: incondicionalmente. Mira a los demás a través de Sus ojos. ¡No juzgues! Sé amable, misericordioso y humilde.

Pide al Espíritu Santo que te ayude a vivir conforme a los frutos del espíritu (Gálatas 5:22-23). ¡Créelo! Recíbelo por fe. Y cuando te encuentres en dificultad para vivir conforme al Espíritu y a la palabra de Dios, ¡ora sin cesar!

Después de todo, aunque la temporada navideña es un excelente tiempo para recordar estas verdades, no es el único tiempo para vivir de esta manera. ¡Estamos llamados a vivir de esa manera todos los días del año!

¿De qué manera te resulta difícil vivir una vida de obediencia?
Humíllate y pide perdón. Sé la persona que otros quieren ser.
¿Los demás, ven a Dios en ti?
¿De qué formas ha sido fructífero, para tu vida, vivir según la palabra de Dios?

Oración

Padre celestial, no necesito decirte lo difícil que es a veces vivir según tu palabra en el mundo de hoy. Por eso te pido perdón. Por favor, recuérdame en los momentos difíciles que tú eres el único que puedes traerme claridad. Oro poder ver a los demás a través de tus ojos y estar para ellos como tú lo estás para mí. En el nombre de Jesús, amén.

Día 12

La Navidad no es solo un día. Muchos lo saben; después de todo, después de Acción de Gracias, a menudo se le conoce como la "temporada navideña". ¡Hay tantas actividades, la música suena diferente en todas partes y la anticipación crece como ninguna otra época!

Pero la celebración real suele culminar en ese día especial, según como se vea, entre las diferentes personas y distintas partes del mundo.

Para una de mis amigas y su familia, la Navidad se celebra dos o tres veces durante las fiestas.

Ella me comentó que hace muchos años atrás, su hijo mayor nació el día de Navidad, su propio regalo hermoso y bendecido de Dios. Quería hacerle sentir que era igual de especial en Navidad como si hubiera nacido cualquier otro día. Experimentó el cuidado y la providencia de Dios incluso en las cosas pequeñas, ya que su oración fue respondida.

Cada año en Navidad, celebraban en El Paso con tradiciones mexicanas, una de las cuales es que la Navidad se celebra en Nochebuena. Así que cuando visitan la familia en Navidad, celebran en Nochebuena con la familia y toda lo festejos, socialización y la diversión, ¡incluyendo el abrir los regalos de los parientes!

Luego, el día de Navidad, pasan un tiempo juntos por la mañana para la Navidad y después, el día es una celebración de cumpleaños. Incluso le dan regalos separados a su hijo, designados solo para su cumpleaños.

Debido a que hay tantas actividades familiares durante su viaje, ella y su esposo reservan sus regalos para sus hijos para un día especial juntos una vez que regresan a casa. A menudo pasan un día juntos donde leen la historia de Navidad —el verdadero y más grande regalo y significado de la Navidad en nuestro Señor y Salvador Jesús— y tienen su propia comida y regalos para celebrar.

Ya sea de forma más elaborada o sencilla, se toman el tiempo para recordar las mayores bendiciones de la vida y las cosas que realmente importan en la perspectiva de la eternidad. En última instancia, no somos solo miembros de una familia terrenal, sino miembros de la familia eterna de Dios.

Independientemente de lo que incluya tu Navidad, tómate un tiempo para reflexionar sobre el regalo de Cristo Jesús, en quien tenemos todas las bendiciones espirituales y nos lleva a estar sentados en lugares celestiales, y por medio de quien podemos decirle al Rey del universo: "¡Abba, Padre!" con valentía y confianza.

Oración

Padre celestial, gracias porque puedo entrar en tu trono con valentía y presentar mis peticiones a ti por medio de Jesús. Ayúdame a recordar el mayor regalo y a honrarte en toda la celebración con familia y amigos. Gracias por el regalo de los seres queridos con quienes disfrutamos la vida. Ayúdame a guiarlos hacia ti y a darte la gloria. En el nombre de Jesús, amén.

Día 13

¡Amor! Dios nos ama tanto que sacrificó a su hijo por nosotros para que podamos ser salvos y tener una relación con Él a través de Jesús. Y podamos contar a otros lo que Él ha hecho por nosotros. Esta es la razón principal por la que vino como un bebé.

La mayoría de nosotros, sin embargo, somos rápidos para juzgar a los demás y hablar mal de ellos. En cambio, al recordar lo que Cristo hizo por nosotros, deberíamos compartir el amor de Jesús con todos, aun cuando alguien es diferente a nosotros. Tengamos esto presente cuando nos reunamos con otros en la Navidad.

No olvidemos que todos estamos en caminos diferentes. Todos tenemos pruebas y experiencias de las que aprender. Ser amable no cuesta nada, pero estar ahí para alguien es el mayor regalo que puedes dar.

¿A quién conoces que has juzgado injustamente?
¿Qué es el amor?
¿De qué maneras puedes mostrar amor a todos, sin juzgar?

Dios no envió a su Hijo al mundo para condenar al mundo, sino para salvarlo por medio de él. Juan 3:17 (NLT)

Oración

Padre celestial, te agradezco a ti y a tu hijo Jesús. Oro para ser más como Él y mostrar la bondad que viene de ti y de tu Hijo. Oro para no ser alguien que murmura y para apartarme cuando alguien juzga a los demás. Ayúdame a aprender a no participar en juzgar a otros ni en el chisme. Ayúdame, en cambio, a compartir la palabra de Dios y tu amor. En el nombre de Jesús, amén.

Día 14

En el sexto mes del embarazo de Isabel, Dios envió al ángel Gabriel a Nazaret, un pueblo de Galilea, a una virgen comprometida para casarse con un hombre llamado José, descendiente de David. El nombre de la virgen era María. El ángel se le acercó y le dijo: "¡Saludos, mujer favorecida! ¡El Señor está contigo!" Lucas 1:26-28 (NIV)

La gracia divina de Dios llegó justo en el tiempo adecuado: en tiempos de confusión, maldad, violencia y cuando las personas le daban la espalda a Dios, tal como lo habían predicho los profetas cientos de años atrás.

Los caminos de Dios son más altos que los nuestros.

Antes de la venida del Mesías, las personas hacían sacrificios por sus pecados, pero continuaban pecando. Jesús vino en el momento justo, haciendo el sacrificio supremo para salvar a las personas de entonces, de ahora y de siempre.

En ese momento, María recibió la visita de Gabriel, para informarle que daría a luz al Mesías, "Jesús". Ahora sabemos que Dios usa a otros para intervenir, ayudar y hablarnos. Dios también utiliza a personas comunes para hacer cosas asombrosas.

¿Con qué cosas asombrosas te ha bendecido Dios?

¿A quién ha usado Dios para hablarte? ¿Ha usado Dios tu vida para hacer algo asombroso por alguien que conoces?

Tómate un tiempo para reflexionar hoy y mantente abierto a que el Señor te bendiga para que puedas ser de bendición para los demás.

Oración

Padre celestial, gracias por Cristo y por el perdón de los pecados. Permíteme recordar el día en que Jesús nació en este mundo pecador para mostrarnos cómo vivir. Por favor, mantén al maligno lejos de nosotros y guíanos para tomar decisiones que te honren. En el nombre de Jesús, amén.

Día 15

Para algunos, la Navidad ya no es lo que era antes. Seamos sinceros: estamos demasiado ocupados tratando de impresionar a otros con regalos, reuniones navideñas, fiestas y la planificación de eventos. Pasamos menos tiempo recordando de qué se trata realmente la Navidad: ¡El Señor, nuestro Salvador! Reunirse con amigos y familiares para celebrar no siempre tiene que incluir regalos y cosas materiales. Dios quería que nos reuniéramos y celebráramos estando presentes para los demás, apoyándonos entre todos y simplemente pasando tiempo juntos.

Una amiga me contó que no la pasa bien en la Navidad. Está divorciada, un hijo está distanciado y el otro aparece solo de vez en cuando. Sin mucha otra familia, depende de pocos amigos para salir adelante. Eso no reemplaza las grandes reuniones familiares de las que antes disfrutaba. Desafortunadamente, esto se está volviendo más común. Es difícil porque no queremos imponer en los demás, pero necesitamos desesperadamente del uno al otros durante las fiestas. Necesitamos de los demás durante todo el año.

Prepararse para la Navidad puede ser estresante. Por suerte, tenemos a Jesús para celebrar en el camino junto a nosotros.

¿Conoces a alguien que está solo en Navidad?
¿Cómo puedes marcar la diferencia para alguien que tiene dificultades durante la temporada navideña?
¿Qué te trae alegría en Navidad?

Y una voz dijo desde el cielo: "Este es mi Hijo muy amado, quien me da gran gozo" Mateo 3:17. (NLT)

Juan el Bautista preparó el camino para Jesús, y ahora Jesús prepara un hogar para nosotros a través de Él hacia el Padre. ¡Qué alegría tenemos al saber que podemos encontrar la salvación por medio de nuestra fe en Jesucristo, nuestro Salvador!

Oración

Dios mío, ayúdame a no pasar momentos de tristeza durante las fiestas. Especialmente cuando vea a otras familias reuniéndose a celebrar en alegría el nacimiento de Jesús. Ayúdame a centrarme en ti y en la alegría que ya has dado, en el nombre de Jesús, amén.

Día 16

A veces, el plan de Dios puede no tener sentido para ti en ese momento. No te apresures en tomar cartas en el asunto. ¡Wow! Yo he cometido este error antes.

Muchas veces. Podemos ser muy impacientes al tomar una decisión. A menudo, decisiones importantes de nuestra vida las tomamos apresuradamente, ya sea sobre una idea, cambio de carrera, ahorros de jubilación o incluso decisiones médicas. Tendemos a permitir que otros nos persuadan para avanzar inmediatamente y otras veces simplemente nos convencemos nosotros mismos para hacerlo.

Imagina que sufres de adicción y quieres ayuda para no volver a levantar esa bebida. Así que, está el programa de 12 pasos que muchos siguen y algunos recaen. Otros ni se molestan y piensan que pueden hacerlo por sí mismos. Si tan solo pusiéramos a Dios primero. Él sabe que estás sufriendo y quiere ayudarte si le permites. Mi esposa es una alcohólica en recuperación y celebra su vigésimo aniversario de sobriedad, y está muy agradecida de que Dios le haya dado otra oportunidad. Ella aún tiene recuerdos de cuando las cosas no estaban tan bien.

Las mayores consecuencias fueron perder su primer matrimonio, perder la custodia de sus adorables hijos y haber estado en prisión. La regla es "un día a la vez". Ahora tiene una vida maravillosa y ayuda a otros que luchan con las mismas adicciones y consecuencias similares. La paciencia es una virtud a la hora de tomar una decisión y todos sabemos que cuando ponemos a Dios en primer lugar, sus planes siempre funcionarán para el bien cuando confías en Él y permaneces en fe.

Durante las fiestas es un momento maravilloso para reflexionar y dar gracias a Dios por todo lo que ha hecho y sigue haciendo. Si tienes dificultades económicas y quieres comprar regalos, Dios encontrará la manera. Si tienes invitados, pero no tienes mucho tiempo para organizarlo todo, Dios encontrará la manera. Si has perdido tu trabajo, alguien a quien quieres está en el hospital, o quieres ofrecerte como voluntario para ayudar a otros, pero tienes poco tiempo, Dios encontrará la manera, igual que ha hecho con otros que están pasando por lo que tú estás pasando. ¿Alguna vez te has preguntado por qué pone a personas en la vida de alguien? Él utiliza a personas que han pasado por situaciones similares, así que cuando Dios te bendiga, usa esa bendición para ayudar a alguien que necesita la misma ayuda que tú necesitases.

¿A quién puedes ayudar esta Navidad?
¿Qué te ha ayudado Dios a superar?

Podemos hacer nuestros planes, pero el Señor determina nuestros pasos. Proverbios 16:9 (NLV)

Oración

Padre Dios, siempre estaré agradecido por lo que has hecho por mí, tu sabiduría otorgada, tu bondad amorosa levantándome una y otra vez. Ayúdame a ser una bendición para los demás como tú me has bendecido a mí. La Navidad es muy difícil para muchísima gente. Por favor, cuídalos y, si es tu voluntad, guíame para que yo también pueda ayudarles, en el nombre de Jesús, amén.

Día 17

Por muy alegre que sea el nacimiento de Jesús, también es un recordatorio sobrio del sacrificio supremo de Jesús de su vida por la nuestra. Aunque muchos de nosotros no sacrificaríamos nuestra propia vida por alguien, especialmente por un desconocido, podemos sacrificar nuestra vida por alguien a quien conocemos y tenemos muy cerca.

Los primeros intervinientes, el ejército y los funcionarios públicos arriesgan sus vidas cada día para protegernos. Muchos de ellos sacrifican mucho durante la temporada navideña para servir cuando podrían pasar tiempo con sus seres queridos.

Hay sacrificios similares que hacemos por nuestras familias. Nos subimos al coche y nos ponemos en peligro yendo al supermercado por comida para alimentar a nuestras familias. Vamos a trabajar para poder mantenernos y pagar la compra, la casa en la que vivimos e incluso el coche en el que viajamos de un lugar a otro.

También hay otros sacrificios que hacemos. Muchos son más pequeños, a veces ni siquiera perceptibles. Imagino que puedes pensar en algunos sacrificios que otros han hecho para servir.

Recordemos ser amables y agradecidos con quienes se sacrifican en nuestras vidas y comunidades, y hagamos algo que también sea de bendición para ellos.

¿Qué sacrificios has hecho?
¿A quién puedes servir?

"Toma a tu hijo, tu único hijo—sí, a Isaac, a quien tanto amas—y vete a la tierra de Moriah. Allí lo sacrificarás como ofrenda quemada sobre uno de los montes, uno que yo te mostraré." Genesis 22:2

Oración

Padre celestial, gracias por sacrificar a Jesús para que podamos ser purificados y libres de nuestros pecados. También rezo por las personas cuyo trabajo es ayudar a los demás y protegernos arriesgando sus vidas. Bendícelos, querido Señor, y que sus buenas acciones no pasen desapercibidas. Ayúdame a encontrar maneras de hacer sacrificios para ser de bendición para los demás, aunque sea un sacrificio pequeño o si pasa desapercibido, rezo en el nombre de Jesús, Amén.

Día 18

Mientras me siento en mi porche por la noche, me impresionaba mirar las estrellas, preguntándome qué estarían pensando los 3 Reyes Magos. Sabían que era hora de que naciera el niño Jesús. Así que partieron en busca del Mesías. ¡Qué emocionante debió de ser eso en ese tiempo! Los planes de Dios nunca fallan ni se nos escapan. Revela todo lo que hace de antemano a sus amigos.

A veces, cuando miro las estrellas, desearía tener la misma claridad que los 3 Reyes Magos. Pero solo cuando esperamos lo mejor de Dios para nosotros experimentamos todo lo que hemos esperado y más.

Solo cuando confiamos en el Señor Él se deleita en nuestros sueños. ¡La fe le agrada! (Hebreos 11:6).

Esta Navidad les invito a sentarnos y mirar las estrellas o a encontrar un lugar de soledad e imaginar que todo es posible con Dios.

¿Qué experiencias has descubierto reflexionando sobre las estrellas?
Te animo a que escribas tus pensamientos en un diario y pronto verás bendiciones tras bendiciones.
¿Cuáles son tus esperanzas, sueños y aspiraciones?

Confía en el SEÑOR con todo tu corazón; No dependas de tu propio entendimiento. Proverbios 3:5.

Oración

Padre celestial, miro atrás y me pregunto qué habrá pasado cuando Jesús nació siendo un niño y la gente viajó lejos para verla con sus propios ojos. Me maravilla la grandeza de todo lo que haces, por favor ayúdame a contar siempre tu historia a los demás de una manera que te agrade, incluso cuando estoy cansado después de que todas las tradiciones mundanas de la Navidad hayan terminado, deja que tu historia continúe, en el nombre de Jesús, amén.

Día 19

Cuando fui más joven, no pensaba en otra cosa más que en lo que yo quería para mí. Esto era un pensamiento muy superficial y peligroso. Vivir una vida centrada en Dios es la única forma de tener una vida más significativa y gratificante. Realmente no entendía qué era vivir para servir a los demás, hasta que me presentaron a otros creyentes y me involucré en oportunidades para servir en la iglesia y me alimentaron con la palabra de Dios a través del estudio bíblico.

Vivir para Dios es ser obediente a Sus caminos. ¡Ama a Dios, ama a los demás! Dicen que la alegría llega por la mañana. Vivir para servir a otros trae alegría a todos, incluyendo a uno mismo y Dios. Servir a otros es agradar a Dios. Servir a otros es necesario para mostrar tu bondad amorosa al mundo.

Busca oportunidades en tu comunidad local y en esta temporada para ser voluntario o prestar ayuda.

¿De qué maneras puedes ser útil a alguien esta semana? ¿Esta temporada navideña?
¿Has empezado un estudio bíblico recientemente? Si no, ¿cuándo?

A medida que aprendo tus justas ordenanzas, te daré las gracias viviendo como debo hacerlo. Salmo 119:7 (NLT)

Oración

Padre Celestial, qué alegría es compartir tu amor con los demás sirviendo a todos siempre que se me presente la oportunidad. Gracias y por favor, sigue dándome oportunidades para ayudar a alguien hoy y siempre, en el nombre de Jesús, amén.

Día 20

Romanos 12 comienza instruyéndonos a ser un sacrificio viviente. Me encanta cómo la carta a los romanos del apóstol Pablo es un ejemplo del sermón del monte en el que Jesús nos enseña sobre los valores y cómo vivir. Jesús quería que viviéramos con esperanza y expectativa de cosas mayores por venir. Pero nosotros debemos hacer nuestra parte. Debemos vivir de acuerdo con sus palabras, enseñanzas, y con amor a Dios y los demás, que se resume en la ley de los profetas.

Mi aspiración es vivir en concordancia con la de Jesús, deleitarme en el Señor, honrarle, respetarle y vivir de una manera similar a Cristo que otros lo noten a través de mí vida. Espero que compartas los mismos valores que yo, que ames a Dios y ames a los demás como a ti mismo.

La Navidad siempre parece que se presta a ser un momento en donde la gente es un poco más amistosa, más misericordiosa, más amable a medida que se acercan las fiestas. ¿Te unirías a mí y a muchos otros cristianos para difundir la buena nueva de Jesús?

Disfruta de tiempo para reflexionar sobre tu vida y la vida que Jesús quiere para ti. Lee algunas escrituras y anota en un diario los pensamientos que te vengan al corazón. Lleva alegría a los demás, ayúdales, pasa tiempo con la gente. Conoce su historia. ¡Verás que no será tan diferente a la tuya!

¿Qué significa para ti un sacrificio viviente?
¿Cómo puedes expresar tu amor por los demás de una manera que reflejes el amor de Jesús?

Ámense unos a otros con un afecto genuino y deléitense al honrarse mutuamente. Romanos 12:10

Oración

Padre celestial, esta Navidad recordemos el verdadero significado de la Navidad. Un tiempo para alegrarnos en el Señor y expresar nuestro amor por Él. Un tiempo para ser ejemplo del amor de Cristo hacia todos con los que nos encontremos durante esta temporada y cada día del año, en el nombre de Jesús, amén.

Día 21

Gracias a Jesús, tenemos la oportunidad de experimentar la intimidad con Dios a través del Espíritu Santo. ¡El velo ha sido rasgado! Cuando lees las escrituras, rezas o meditas en la Palabra de Dios, hay una sensación de paz que trasciende a través de tu espíritu. Te llenas de una alegría que solo viene del Espíritu Santo. La sensación más gratificante es cuando otros ven a Jesús a través de ti cuando están en tu presencia. Hay una calma que no tiene otra explicación, excepto que tu espíritu está lleno del fruto del Espíritu Santo.

Mi amiga empieza su día con unos amigos en un grupo de estudio bíblico. Nunca había experimentado el resplandor del Espíritu del Señor dentro de ella como ahora. Ella siempre ha sido una mujer segura y fuerte, sociable y muy respetada. Ahora está eternamente llena de acción de gracia, viviendo una vida de frutos del Espíritu. Su compañero de grupo, clientes, amigos y familiares han sido testigos de esta increíble transformación. No es de extrañar que cuando realmente estudias la palabra de Dios sientes que las palabras cobran vida. Esto es así y mucho más cuando estás lleno del Espíritu.

Vivir una vida conforme a la palabra de Dios es la sensación más grande, sabiendo que Señor está contigo siempre y para siempre.

Tomarte la Biblia, abrirla donde sea que esté y empezar a leer lo que la Escritura te dice. Es, siempre ha sido y siempre será la palabra viva de Dios.

Esta Navidad sería un momento ideal para leer para ti mismo, leerles a otros, o a tus hijos la historia de Navidad. La mejor historia jamás contada.

Le pido a Dios, fuente de esperanza, que los llene completamente de alegría y paz, porque confían en él. Entonces rebosarán de una esperanza segura mediante el poder del Espíritu Santo.
Romanos 15:13 (NIV)

Oración

Señor, por siempre seré bendecido por estar lleno del Espíritu. Gracias por este regalo. Soy afortunado de conocerte de manera muy íntima. Gracias por estar conmigo dondequiera que vaya, por si tropiezo, no caiga. Rezo para que los dones que me has otorgado sean vistos por otros para que te conozcan como yo. Que esta Navidad traiga esperanza, alegría y paz a todos, para que ellos también sientan tu espíritu y puedan vivir una vida según tu palabra. En el nombre de Jesús, amén.

Día 22

¿Alguna vez has oído a alguien decir: "Gracias a Dios que es de mañana?" Y otros dirán: "Dios, ya es de día." No estoy seguro de si se dice exactamente así, pero se nota una diferencia. La actitud es la nueva gratitud. La positividad es una actitud. El poder del pensamiento positivo de "Norman Vincent Peale" es uno de los libros más poderosos que jamás he leído. Simplemente manteniendo una mentalidad positiva y una relación íntima con Dios, todo cambia.

Déjame contarte la historia de otra amiga mía.

Así que, esta amiga de Atlanta me dijo que antes de ir a cualquier lugar o empezar su día, invita a Dios a que le acompañe a todas partes y a estar con ella en todo lo que hace. Hace unos años, cuando la conocí, estaba en ventas y participaba en grupos, algunos políticos, y esta fue la base donde empezó a establecer muchas relaciones y las alimentaba ayudando. A veces haciendo una sugerencia o invitándoles a un café. Sabe que el tiempo de la gente es valioso. Y descubrió que poner a los demás primero te es recompensado. Su compromiso por ayudar a los demás despegó rápidamente. Se ha convertido en un éxito bastante rápido. Fue gracias a Dios y a su compromiso con los demás, su determinación de servir a los demás con propósito, que su éxito despegó como la pólvora.

Imagina lo que habría sido si hubiera intentado hacerlo sola. Su corazón ya estaba en el lugar correcto. Pero con Dios ella
floreció.

Pero con Dios todo es posible. Mateo 19:26 (TLV)

Cuando salgo a la calle, noto la prisa del mundo. Excepto en Navidad. Todos parecen un poco más amistosos, más tranquilos y amables. Imagina que el mundo en el que vivimos sea bueno, todos los días del año, como en la Navidad.

Si vieras el mundo a través de los ojos de Dios, ¿qué verías?
Cuando organizas una reunión navideña, ¿a quién intentas impresionar?
¿En quién te interesas, no solo en Navidad, sino durante todo el año?

Entonces, háganme verdaderamente feliz poniéndose de acuerdo de todo corazón entre ustedes, amándose unos a otros y trabajando juntos con un mismo pensamiento y un mismo propósito. No sean egoístas; no traten de impresionar a nadie. Sean humildes, es decir, considerando a los demás como mejores que ustedes. No se ocupen solo de sus propios intereses, sino también procuren interesarse en los demás. Filipenses 2:2-4 (TLN)

Oración

Padre celestial, ayúdame a ser humilde y a no considerarme mejor que los demás. Ayúdame a mostrar interés por los demás primero, incluso cuando sea difícil. Ayúdame a ver a todos a través de tus ojos, para que vean tu compasión, tu bondad y tu amor a través de mí, Señor, todos los días del año. Te pido que vengas conmigo a todas partes, en el nombre de Jesús, amén.

Día 23

La Navidad es un tiempo de dar, tiempo de amistad y familia, un tiempo para reunirse en fiestas del trabajo, tiempo para adorar con nuestras familias de la iglesia. Intercambiar regalos, compartir comidas, recuerdos, compartir algunas risas, contemplar a los niños que esperan con ganas abrir sus regalos, todo forma parte del espíritu de dar

¿O no? Recordemos que todo esto se debe al verdadero regalo de Jesús: la razón de la temporada. Claro, todas las reuniones, regalos y fiestas están bien, siempre que pongamos a Dios primero. Como en cualquier otro momento, deberíamos poner a Dios primero, ¿no? Entonces asegurémonos de celebrar el nacimiento de Jesús.

En Navidad, mi mentora de Atlanta y su familia no participan en intercambiar regalos, comidas ni nada por el estilo hasta que le cantan cumpleaños feliz a Jesús. Torta de cumpleaños y todo. Le incluyen en todas sus actividades. Ponen a Dios primero y celebran el verdadero significado de la Navidad. ¡La razón de la temporada! Cuando intercambiamos regalos, no son los típicos regalos como un jersey, un gadget para la cocina u otro regalo que pueda ser devuelto. Compran regalos que crean recuerdos. Entradas para conciertos, restaurantes favoritos, regalos deportivos y de teatro. Estos dones pueden usarse solo una vez en muchos casos, pero son un don que uno puede experimentar. ¿Recordarás quién te dio ese jersey de la talla equivocada en un color que no te gusta, o recordarás aquel al que te dijo: "Ten, ve a divertirte con un amigo"

¿Qué recuerdos compartes con tu familia y amigos?
¿Recuerdas la historia de Navidad? Lee la historia de la Navidad de la Biblia. Lo he incluido aquí en este libro mientras recorres la mejor temporada en la tierra.

Cuando llegaron a la casa, vieron al niño con María, su madre, y postrándose lo adoraron. Abrieron sus cofres y presentaron como regalos: oro, incienso y mirra. Mateo 2:11 (NIV)

Oración

Padre celestial, gracias por el nacimiento del niño Jesús y la esperanza que nos trae para las generaciones venideras, hasta la eternidad. Ayúdanos a reconocerle este día mientras celebramos junto a nuestros amigos y familiares al participar en este banquete. Estamos agradecidos por tus bendiciones que brillan sobre nosotros cada día. Incluso en los tiempos más oscuros nos pones una lámpara a los pies. Bendice querido Señor con estos dones. Recordemos también a los menos afortunados que nosotros, los solitarios, los viudos y los enfermos; en estos días más santos oramos por Jesús y buscamos Su reino por los siglos de los siglos, en el nombre de Jesús, amén.

Día 24

La Navidad es la época más maravillosa del año. Aunque, a veces, puede no parecer así cuando nos sentimos apresurados, estresados y abrumados. Por eso, no permitamos que nuestra mente viaje pensando en todas las cosas que nos molestan o en las personas que nos resultan no agradables.

Todos hemos oído que "lo que envías, te regresa" al final vuelve a ti de la misma manera. Notas dondequiera que vas: el bodeguero, ese compañero en el trabajo o, sobre todo en la forma que conducen la gente —que ha provocado ira al volante con demasiada frecuencia— pueden acumular fácilmente tu sensación de molestia y estrés. Tenemos nuestras propias sincronías al planificar reuniones familiares, quedar con amigos que quizá no hayas visto en mucho tiempo, ir a la tienda, comprar regalos, la lista sigue y sigue.

En vez de permitir que esas pequeñas molestias te hundan, te animo a reflexionar sobre todos los recuerdos positivos de la Navidad y sobre Cristo mismo.

La Navidad debe centrarse en el Señor. Después de todo, es su cumpleaños. El regalo de Dios para nosotros. Sus bendiciones se reavivan cada mañana. Así que sé amable, paciente y muestra empatía por quienes estén un poco estresados. No sabes por lo que están pasando.

¿Reflejas el amor por los demás del mismo modo que Dios refleja por nosotros?
Sigue un plan y el ritmo adecuado, permitiéndote tiempo suficiente para disfrutar de la temporada en paz entre ti y los demás.
¿Cómo vas a dejar atrás cualquier animosidad?

"No juzguen a los demás y Dios nos los juzgará a ustedes No condenen a los demás y Dios no los condenará. Perdonen a los demás y Dios los perdonará" Lucas 6:37-38 (ERV)

Oración

Padre celestial, ayúdame a recordar la razón por la que celebramos la Navidad por encima de todo. Ser capaces de perdonar como tú nos perdonas a nosotros. ¡No juzgar ni condenar! Tratar a todos con la misma bondad, compasión y respeto que nosotros mismos quisiéramos a cambio, en el nombre de Jesús, amén.

Día 25

DÍA DE NAVIDAD

Durante años, mi esposa y yo vivimos en un pequeño pueblo a las afueras de Ann Arbor, Michigan. Pertenecíamos a la Iglesia Metodista Unida Dexter. La Navidad siempre fue mi época favorita en la iglesia. Es fácil olvidarse del significado de la Navidad, pero no en la iglesia. Hay tantas formas de ayudar a tanta gente y compartir de una forma que mantiene viva la esperanza.

Dedicamos tiempo a ser voluntarios con "Angel Tree". Era posible tener más de 100 niños con un progenitor encarcelado. Con una misión, ayudar a los niños proporcionando un par de regalos a nombre de los padres que quizá no pudieran presentar un regalo de otro modo. Muchos de la congregación compraban regalos para estos niños y los envolvían para que otra persona los entregara. El mayor regalo de esta misión fue entregar el(los) regalo(s) a la familia y ver cómo sus sonrisas se iluminaban como la mañana de Navidad.

Había algo en lo que todos podían compartir de su tiempo y ayudar a otros a tener una Navidad maravillosa, como llenar cajas de zapatos para niños de todo el mundo. Organizamos para toda la comunidad cenas navideñas, un belén en vivo y la lista sigue.

Nuestros servicios navideños también fueron los favoritos. Los niños también tenían un papel importante. El grupo de adoración, los que tocaban campanas, los que cantaban canciones navideñas y por supuesto, la Noche de paz.

¿Cuáles son tus recuerdos favoritos de Navidad en la Iglesia?
¿Cómo puedes traer alegría en la Navidad?
¿Haces trabajo voluntario en la iglesia? ¿En tu comunidad?

Pero el ángel los tranquilizó. "No tengan miedo—dijo—. Les traigo buenas noticias que darán gran alegría a toda la gente. ¡El Salvador— sí, el Mesías, el Señor—ha nacido hoy en Belén, la ciudad de David! Y

lo reconocerán por la siguiente señal: encontrarán a un niño envuelto en tiras de tela, acostado en un pesebre".
Lucas 2:10-12. (NLT)

Oración

Padre celestial, gracias por el regalo de Jesús, el regalo de la vida y el regalo de la salvación para que yo pueda ser salvo. Gracias porque Jesús vive a través de mí, abriendo la puerta a la salvación, dándome la oportunidad de tener una relación íntima contigo. Elijo ser obediente a tus caminos, que son mejores que los míos, y agradezco tus muchas bendiciones, para poder compartir el mismo amor que tienes por mí con otros, en el nombre de Jesús, amén.

Día 26

Papá Noel es un personaje ficticio, su historia hace feliz a todos los niños del mundo en la Navidad. Y algunos adultos también. Al fin de todo, nosotros también necesitamos momentos felices. Pero en los niños, la expresión de sus rostros y el brillo en los ojos no tiene precio. Se iluminan como un árbol de Navidad, tal como lo experimentó mi sobrino cuando era pequeño.

Mi hermano, ya fallecido, y su esposa solían poner un saco de dormir para mi sobrino para que mirara el árbol desde abajo mientras se dormía, como si fuera parte de una fantasía de dormir bajo las estrellas. Mientras él se dormía bajo el árbol, ellos observaban y esperaban que todos sus sueños fueran mágicos. Continuaron con esta tradición durante unos años y siempre disfrutan de su hijo como si estuviera acostado en un pesebre bajo las estrellas envuelto en tela.

Aun cuando Papá Noel es divertido, recordemos también que Jesús es real y está vivo hoy y sigue dando todas Sus bendiciones celestiales a Sus hijos, cada día.

¿Qué memorias recuerdas de tu infancia?
¿Conoces la historia de Navidad?
¿Qué tradiciones tienes, o has empezado alguna nueva tradición?

Ellos oyeron al rey y se fueron. La estrella que habían visto salir iba delante de ellos hasta que se detuvo sobre el lugar donde estaba el niño. Cuando ellos vieron la estrella, se alegraron muchísimo. Entraron en la casa y vieron al niño con María, su mamá; y postrándose lo adoraron. Abrieron sus cofres y sacaron unos regalos para él: oro, incienso y mirra. Después, Dios les dijo en un sueño que no volvieran a donde estaba Herodes, así que regresaron a su país por otro camino. Mateo 2:9-12 (PDT)

Oración

Padre celestial, disfrutemos del milagro de los niños pequeños mientras contemplan la temporada navideña con un brillo en los ojos y la expectativa de todo lo que la Navidad trae. Recuerdo algunos momentos entrañables de niño. Esta Navidad reflexionemos sobre los sabios que vieron la estrella, guiándolos hasta Belén donde el pequeño niño Jesús yacía en un pesebre. Señor, gracias por ser nuestra guía, nuestra luz en el camino que seguimos, en el nombre de Jesús, amén.

Día 27

La Navidad es solo un día al año. Es un momento donde la luz brilla intensamente en los tiempos más oscuros. En sentido figurado, según es la vida. Para algunos, la Navidad puede ser insoportable porque nos recuerda cuánta luz falta en nuestras vidas.

Todos enfrentamos nuestras propias luchas, decepciones, y a veces nos quedamos con una sensación de desesperanza. Aunque nuestra fe flaquee de vez en cuando, debemos aferrarnos a la esperanza.

Durante la vida de Jesús, fue criado bajo una dictadura corrupta y tiempos difíciles para todos. Desde el fanatismo hasta la corrupción religiosa. El nacimiento de Jesús fue un tiempo en el que la luz se filtraba a través de la oscuridad, dando esperanza a todos los que le escuchaban y creían. El momento de Dios siempre es perfecto, bendiciéndonos con dones de amor, esperanza y caridad.

Jesús enseñó a sus discípulos a seguir adelante como Él lo hizo para que nosotros lleváramos Su luz en la Navidad y en todos los días del año.

¿Qué dificultades tienes o has tenido en el pasado?
¿Qué significa para ti el significado de la "luz de la esperanza"?
¿Cómo llevarás los dones de amor, esperanza y caridad
en tu vida?

"Ustedes son la luz que alumbra al mundo. Una ciudad que está en un monte no se puede esconder. Ni se enciende una lámpara para ponerla debajo de un cesto, sino sobre el candelero para que ilumine a todos en la casa. Así mismo, ustedes deben ser luz para los demás de tal manera que todos puedan ver sus buenas obras y adoren a su Padre que está en los cielos." Mateo 5:14-16 (PDT)

Oración

Padre Celestial, gracias por entrar en nuestras vidas y recordarnos esta Navidad, de tu amor por nosotros a través de Jesús. Según hemos sido bendecidos por tu benevolencia, muéstranos cómo ser luz para los demás, a darles amor, esperanza y caridad. En el nombre de Jesús, amén.

Día 28

Las bendiciones vienen en todo tipo de disfraces durante nuestra vida. A veces como un regalo inesperado, a veces como una prevención de cometer un gran error, y a veces como una oración que es respondida. Sé que, si eres como yo, la esperanza es que tus oraciones sean escuchadas al instante y todos tus sueños se hagan realidad. ¿No sería genial? Sin embargo, Dios mira el panorama general y espera hasta el momento adecuado para evitar que tomes la decisión equivocada, y también para bendecirte con más de lo que pediste. Así que siempre es mejor practicar la gratitud y estar contento con lo que tienes, como me ha dicho una amiga mía.

Ella me contó lo agradecida que está de haber sido bendecida con una familia amorosa y que tiene los mejores amigos que cualquiera podría pedir. Siente que su matrimonio es una bendición que antes pensó que nunca sucedería. Pero así fue hace más de veinte años. Y hasta hoy le encanta lo caballeroso que es, ya sea abriéndole la puerta del coche o ayudándola en casa. Mi querida amiga no podría estar más agradecida y expresiva sobre cómo Dios la ha colmado de bendiciones y nunca lo ha dado por sentado.

¿Alguna vez has dado por sentadas las bendiciones de Dios?
¿Cómo ha aparecido Dios en tu vida para evitar que te precipites, y luego te bendijo con algo mucho mayor?

El matrimonio debe ser honrado por todos. Y todo matrimonio debe mantenerse puro entre marido y mujer.

«Nunca te abandonaré ni te dejaré solo». Hebreos 13:4-5 (PDT)

Oración

Padre Celestial, gracias por tus bendiciones continuas y por evitar que cometiera errores costosos, especialmente con mis relaciones, que valoro tanto. Rezo para que esta Navidad ablandes el corazón de muchos, ofreciéndoles otra oportunidad para descubrir lo que realmente importa en esta vida, en el nombre de Jesús, Amén.

Día 29

Hace muchos años, solía pintar edificios comerciales. Un cliente mío estaba haciendo un trabajo extenso en su concesionario. Disfruté mucho pasar tiempo con él, ya que compartíamos muchos intereses y valores. Le conocía tan bien que un día fui al concesionario y, mientras discutíamos los planos, algunos de sus empleados se reunieron y sugirieron hacer otras mejoras primero. Después de que todos pusieran su opinión, les preguntó si tenían trabajo que atender y volvieron a sus escritorios. Igual él.

Seguí con mis asuntos y, antes de irme, entré en su despacho y le pregunté si pasaba algo. Pensándolo un momento dijo: "Solo una vez estaría bien que alguien dijera: 'Gracias, buen trabajo, el lugar está estupendo, estoy agradecido por todas las mejoras que estás haciendo aquí.'"

Le escuché, y creo que eso le ayudó a liberar su animosidad. Asentí y estuve de acuerdo con él, dije que todos deberíamos ser un poco más agradecidos.

A veces la gente mira qué está mal y luego elogia a otros por los esfuerzos que hacen al intentar ayudarles y mejorar su entorno.

Esto es muy común en el trabajo, pero también en casa, en casa de tu vecino, en casa de tu hermana, quizá en la tuya también. Intenta esta temporada navideña mostrar algo de agradecimiento a todos, ya que, a ti mismo, también te gustaría que te valoren.

¿Alguna vez has hecho algo por alguien sin el deseo de ser honestamente empático?
Cuando notas que alguien está descolocado, ¿alguna vez simplemente escuchas?
¿Cómo vas a mostrar el agradecimiento a alguien hoy, en esta Temporada de Navidad, y los días siguientes?

Un corazón alegre es como una buena medicina, pero un espíritu aplastado seca los huesos. Proverbios 17:22 (TLV)

Oración

Padre celestial, cuando alguien nos hace daño o no aprecia todo lo que hacemos, ayúdanos a recordar que eso es un reflejo de ellos y no de mí. Sé que lo ves y escuchas todo y siempre estaré agradecido por todo lo que me has concedido. Ayuda a los demás a ver esto, Señor. Ayúdame a no desanimarme y a seguir haciendo el bien a tus ojos. Este día y siempre mostremos más agradecimiento por los esfuerzos y la bondad de la gente, en el nombre de Jesús, Amén.

Día 30

La Navidad es un tiempo de reunión, de reflexión, de descanso y de renovar nuestra mente. Así que, al acercarnos a un nuevo año, tómate un tiempo para dar gracias a Dios por su presencia en tu vida e invítales a todos los aspectos de tus días por venir.

A veces tus planes pueden parecer torpes, pero ten la seguridad de que no están destinados a hacerte daño. El Señor no permitirá que tus tentaciones sean mayores de lo que puedes soportar. Y cuando hayamos resistido, saldremos mejores y más fuertes que antes. Por lo tanto, debemos ser pacientes y confiar en Dios y en sus planes.

¿Qué planes tienes? ¿Están alineados con los planes de Dios?

Porque yo conozco los planes que tengo para ustedes —afirma el Señor—, planes de bienestar y no de calamidad, a fin de darles un futuro y una esperanza. Jeremías 29:11

"No es que ya lo haya conseguido todo o que ya sea perfecto. Sin embargo, sigo adelante esperando alcanzar aquello para lo cual Cristo Jesús me alcanzó a mí. Hermanos, no pienso que yo mismo lo haya logrado ya. Más bien, una cosa hago: olvidando lo que queda atrás y esforzándome por alcanzar lo que está delante, sigo avanzando hacia la meta para ganar el premio que Dios ofrece mediante su llamamiento celestial en Cristo Jesús."
Filipenses 3:12-14

La vida es un viaje, no un destino, como a veces percibimos cómo nos gustaría que las cosas se convirtieran en nosotros. Vivir en el pasado no es donde vive Jesús. Él vive en tu presente y sabe lo que te vendrá en tu futuro.

¿Qué necesitas dejar atrás del pasado?

¿Cómo puedes centrarte en lo que Dios ha puesto en tu corazón?

"pero los que confían en el Señor renovarán sus fuerzas; levantarán el vuelo como las águilas, correrán y no se fatigarán, caminarán y no se cansarán." Isaías 40:31

Dios es el creador de todas las cosas y personas, de quien heredamos nuestra fuerza, danos esperanza para perseguir los sueños, que de otro modo podríamos abandonar. ¿Tienes algún sueño que no hayas cumplido? No te desanimes. Entrégalos al Señor y Él te dará fuerza para perseguir todas las cosas en Su nombre.

"Ahora bien, sabemos que Dios dispone todas las cosas para el bien de quienes lo aman, los que han sido llamados de acuerdo con su propósito." Romanos 8:28

Muchas veces, los desafíos de la vida son la forma de Dios de hacer realidad sueños posteriores, pero ahora no los vemos. Podemos estar seguros de que lo que esperamos jugará a nuestro favor.

¿Qué dificultades ocurrieron en el pasado y luego resultaron ser de una bendición?

Oración

Padre Celestial, estaré eternamente agradecido por todo lo que has hecho y sigues presentándote y haciendo por mí en mi vida, incluso en tiempos de los que quizá ni siquiera soy consciente. Rezo para que me transformes en una persona nueva cambiando mi forma de pensar mientras me deleite en ti y en tus caminos, en el nombre de Jesús, amén.

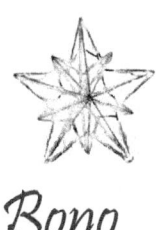

Bono

Aunque la Navidad ya ha pasado, Jesús proclama una habitación para nosotros en la casa de Su Padre mientras esperamos fervientemente su regreso. Experimentamos toda la bondad y las gloriosas riquezas de Dios, por eso cuando oramos, oramos en el nombre de Jesús.

La Navidad ha pasado, pero la alegría de la Navidad continúa. Los recuerdos, nuestros amigos y familias, nuestra familia de la iglesia y lo que Dios nos dio, Jesús.

Las fiestas que conocemos son una excelente manera de disfrutar de actividades sociales, de estar con personas que amamos y compartir la presencia de Dios Todopoderoso. También es un momento para reflexionar sobre el pasado año e incluso empezar un diario de gratitud, si eso no es algo que ya hagas. Haz planes para el año que viene e incluye a Dios en tu camino. Empieza una lectura de la Biblia, ya sea solo o con otra persona. Quizá podrías unirte a uno en tu iglesia.

Recuerda que nuestro tiempo es valioso y no tenemos garantizado el mañana, así que súbete a la carrosa y sigue adelante.

¿Has proclamado tu fe?
¿Qué recuerdas del último año que Dios intervino y te ayudó?
¿Has leído la Biblia? ¿La historia de Jesús?

Yo soy el camino, la verdad y la vida —contestó Jesús—. Nadie llega al Padre sino por mí. Juan 14:6

Oración

Padre celestial, miro atrás y me pregunto qué habrá pasado cuando Jesús nació siendo un niño y la gente viajó lejos para verlo con sus propios ojos. Me maravilla la grandeza de todo lo que haces, por favor ayúdame a contar siempre tu historia a los demás de una manera que te agrade, incluso cuando estoy cansado después de que todas las tradiciones mundanas de la Navidad hayan terminado, deja que tu historia continúe, en el nombre de Jesús, amén.

Mi motivación para escribir Mensajes de Consuelo y Alegría

Gracias por leer los devocionales anteriores. También me gustaría agradecer a todos los que compartieron un pequeño dato en los devocionales. Estoy agradecido a mi esposa por su apoyo y su continuo ánimo para que siga mis sueños y el compartir con los demás lo que Dios ha puesto en mi corazón. Y a mi coach por su dedicación e inspiración para que siguiera escribiendo y hacerme responsable.

Mi esperanza es que hayas crecido espiritualmente y hayas invitado a Jesús a todos los aspectos de tu vida.

He luchado estos últimos años con el duelo, problemas de salud y algunas dificultades económicas que tuve que afrontar. Aunque a veces fue muy desagradable, sé que todos tenemos momentos de incertidumbre en la vida, así que sé que no estoy solo y no quería que nadie sintiera que la Navidad era un momento para "simplemente aguantar". Más bien, es un momento para celebrar. Algunos amigos compartieron algunas de sus dificultades con la Navidad; y aún más, encontraban la Navidad como un momento para reflexionar sobre recuerdos, gratitud y la oportunidad de celebrar el nacimiento de Jesús. Las historias que me contaron fueron inspiradoras.

Una mañana, durante una reunión con mi entrenadora, reflexioné sobre la primera Navidad que compartí con mi esposa Gina y lo especial que fue. Recién nos mudamos juntos a una casa nueva justo antes de Navidad y nos casamos en nuestra sala en la noche de Despedida del Año. Desde entonces, nuestras Navidades juntos han sido una bendición tras otra. Durante años hacíamos fiestas de Navidad en casa hasta la llegada de la pandemia.

Esperamos volver a celebrar esas fiestas para continuar las tradiciones que empezamos con algunos amigos y el continuo crecimiento de cada año. A veces era difícil ver a todos durante tantas celebraciones, así que las reuniones para lograr festejar eran especialmente divertidas. Alguien me escribió diciendo que, aunque la Navidad era solo un día al año, era un tiempo de luz en las estaciones más oscuras. Puede que no te des cuenta, pero hay personas a tu alrededor que encuentran la Navidad insoportable porque les recuerda cuánta luz falta en esta vida. Sintiendo la falta de esperanza. Cada Navidad, un Bebé pequeño en un pesebre, trae un destello de esperanza, trae luz a los valles más oscuros. Seamos esa luz para alguien más.

Una amiga de escuela superior me compartió algunas de sus tradiciones de hace mucho tiempo. Me conto que la anticipación de la Navidad era tan emocionante como la mañana de Navidad cuando era niña. Antes de fallecer su madre, cada día de Acción de Gracias, ellas preparan la cena juntas. En ese momento su padre intervino y continuaron la tradición tras el fútbol. El día de Navidad, celebran el nacimiento de Jesús con pastel y helado. Está agradecida por cada día, viviendo cada día al máximo, sabiendo que el mañana no está garantizada, y está agradecida por Dios que dio estos dones a su familia. Ahora continúa esta tradición con su hijo. Por eso nunca debemos dar nada ni a nadie por sentado. Si compartes algunas tradiciones con tu familia, te animo a que invites a alguien menos afortunado a tu casa para disfrutar de la alegría navideña.

Una pequeña historia sobre la portada de este libro. El pesebre fue comprada en Bronner's, la tienda navideña más grande del país. Solíamos pasar incontables días en Frankenmuth, Michigan, durante las fiestas, a veces nos quedábamos allí con nuestros amigos. Sin embargo, el nacimiento proviene de una tienda de antigüedades en Holly. Fuimos allí para ver una recreación de la gente de Dickens en la ciudad. Hacía tanto frío y nevaba con el viento azotando como en muchas noches de noviembre. Así que decidimos entrar en una pequeña tienda de antigüedades que estaba a la vuelta de la esquina. Después de buscar durante los últimos años, finalmente encontramos las figuras del pesebre que habíamos estado buscando. Habíamos estado en pueblos de Ohio y por todo Michigan, pero nos esperaba en esa tienda de antigüedades en una tarde nevada en Holly, Michigan. Las figuritas vintage están hechas de porcelana, de la posguerra.

No olvidemos la "razón de la temporada".

Que todos compartáis el amor de nuestro Señor entre vosotros y las "buenas nuevas".

Amor, prosperidad y buena salud para todos. ¡Y a todos que Dios los bendiga y que los acompañe!

La Historia de La Navidad

Tomado y combinado de los Evangelios de Mateo y Lucas

La profecía del nacimiento de Jesús.

Al sexto mes, el ángel Gabriel fue enviado por Dios a una ciudad de Galilea llamada Nazaret, 27 a una virgen comprometida para casarse con un hombre que se llamaba José, de los descendientes[a] de David; y el nombre de la virgen era María. 28 Y entrando el ángel, le dijo: "¡Salve, muy favorecida! El Señor está contigo; bendita eres tú entre las mujeres." Ella se turbó mucho por estas palabras, y se preguntaba qué clase de saludo sería este. Y el ángel le dijo: "No temas, María, porque has hallado gracia delante de Dios. Concebirás en tu seno y darás a luz un Hijo, y le pondrás por nombre Jesús. Este será grande y será llamado Hijo del Altísimo, y el Señor Dios le dará el trono de Su padre David; y reinará sobre la casa de Jacob para siempre, y Su reino no tendrá fin". Entonces María dijo al ángel: "¿Cómo será esto, puesto que soy virgen?". El ángel le respondió: "El Espíritu Santo vendrá sobre ti, y el poder del Altísimo te cubrirá con su sombra; por eso el santo Niño que nacerá será llamado Hijo de Dios. Tu parienta Elisabet en su vejez también ha concebido un hijo; y este es el sexto mes para ella, la que llamaban estéril. Porque ninguna cosa será imposible para Dios". Entonces María dijo: "Aquí tienes a la sierva del Señor; hágase conmigo conforme a tu palabra". Y el ángel se fue de su presencia. *Lucas 1:26-38 (NBLA)*

El nacimiento de Jesucristo fue como sigue: estando Su madre María comprometida para casarse con José, antes de que se llevara a cabo el matrimonio, se halló que había concebido por obra del Espíritu Santo. Entonces José su marido, siendo un hombre justo y no queriendo denunciarla públicamente, quiso abandonarla en secreto. Pero mientras pensaba en esto, se le apareció en sueños un ángel del Señor, diciéndole: "José, hijo de David, no temas recibir a María tu mujer, porque el Niño que se ha engendrado en ella es del Espíritu Santo. Y dará a luz un Hijo, y le pondrás por nombre Jesús, porque Él salvará a Su pueblo de sus pecados".

Todo esto sucedió para que se cumpliera lo que el Señor había hablado por medio del profeta, diciendo: "Miren, la virgen concebirá y dará a luz un Hijo, y le pondrán por nombre Emmanuel", que traducido significa: "Dios con nosotros". Cuando José despertó del sueño, hizo como el ángel del Señor le había mandado, y tomó consigo a María como su mujer; y la conservó virgen hasta que dio a luz un Hijo; y le puso por nombre Jesús. Mateo 1: 18-25 (NASB)

El Nacimiento de Jesús en Belén

Aconteció en aquellos días que salió un edicto de César Augusto, para que se hiciera un censo de todo el mundo habitado. Este fue el primer censo que se levantó cuando Cirenio era gobernador de Siria. Todos se dirigían a inscribirse en el censo, cada uno a su ciudad. También José subió de Galilea, de la ciudad de Nazaret, a Judea, a la ciudad de David que se llama Belén, por ser él de la casa y de la familia de David, para inscribirse junto con María, comprometida para casarse con él, la cual estaba encinta.

Sucedió que mientras estaban ellos allí, se cumplieron los días de su alumbramiento. Y dio a luz a su Hijo primogénito; lo envolvió en pañales y lo acostó en un pesebre, porque no había lugar para ellos en el mesón. Lucas 2:1-7 (NASB)

La visita de los Sabios

Después de nacer Jesús en Belén de Judea, en tiempos del rey Herodes, unos sabios del oriente llegaron a Jerusalén, preguntando: "¿Dónde está el Rey de los judíos que ha nacido? Porque vimos Su estrella en el oriente y lo hemos venido a adorar". Cuando lo oyó el rey Herodes, se turbó, y toda Jerusalén con él. Entonces, el rey reunió a todos los principales sacerdotes y escribas del pueblo, y averiguó de ellos dónde había de nacer el Cristo. Y ellos le dijeron: "En Belén de Judea, porque así está escrito por el profeta: 'Y tú, Belén, tierra de Judá, de ningún modo eres la más pequeña entre los príncipes de Judá; porque de ti saldrá un gobernante que pastoreará a mi pueblo Israel'".

Entonces Herodes llamó a los sabios en secreto y de ellos determinó el tiempo exacto en que había aparecido la estrella. Y enviándolos a Belén, dijo: "Vayan y busquen con diligencia al Niño; y cuando lo encuentren, avísenme para que yo también vaya y lo adore".

Después de oír al rey, los sabios se fueron; y la estrella que habían visto en el oriente iba delante de ellos, hasta que llegó y se detuvo sobre el lugar donde estaba el Niño. Cuando vieron la estrella, se regocijaron mucho con gran alegría. Entrando en la casa, vieron al Niño con Su madre María, y postrándose lo adoraron; y abriendo sus tesoros le presentaron obsequios de oro, incienso y mirra. Y habiendo sido advertidos por Dios en sueños que no volvieran a Herodes, se fueron para su tierra por otro camino. Mateo 2: 1-12 (NASB)

Los pastores visitados por los Ángeles

En la misma región había pastores que estaban en el campo, cuidando sus rebaños durante las vigilias de la noche. Y un ángel del Señor se les presentó, y la gloria del Señor los rodeó de resplandor, y tuvieron gran temor. Pero el ángel les dijo: "No teman, porque les traigo buenas nuevas de gran gozo que serán para todo el pueblo; porque les ha nacido hoy, en la ciudad de David, un Salvador, que es Cristo el Señor. Esto les servirá de señal: hallarán a un Niño envuelto en pañales y acostado en un pesebre". De repente apareció con el ángel una multitud de los ejércitos celestiales, alabando a Dios y diciendo: "Gloria a Dios en las alturas, Y en la tierra paz entre los hombres en quienes Él se complace".

Cuando los ángeles se fueron al cielo, los pastores se decían unos a otros: "Vayamos, pues, hasta Belén y veamos esto que ha sucedido, que el Señor nos ha dado a saber". Fueron a toda prisa, y hallaron a María y a José, y al Niño acostado en el pesebre. Cuando lo vieron, dieron a saber lo que se les había dicho acerca de este Niño. Y todos los que lo oyeron se maravillaron de las cosas que les fueron dichas por los pastores. Pero María atesoraba todas estas cosas, reflexionando sobre ellas en su corazón. Y los pastores se volvieron, glorificando y alabando a Dios por todo lo que habían oído y visto, tal como se les había dicho. Lucas 2:8-20 (NASB)

Visitantes

¿Quién te visitó y a quién visitaste?

Regalar y Dar

¡Mi lista de deseos de Navidad! ¡Lista de regalos para otros!

Recuerdos de La Navidad

¿Qué quiero recordar?

Actos de bondad

¿A quién le he hecho sentir una mejor Navidad? ¿Has servido de voluntario en algún lugar? ¿Ha invitado a un vecino a compartir la cena de Navidad?

Recursos Adicionales

Sígame para actualizaciones sobre próximos devocionales y otros recursos:

Sígame en Facebook:
https://www.facebook.com/3Pslivinnow

Sígame en LinkedIn:
https://www.linkedin.com/in/thomas-bratton-baab9244/

Sígame en Pinterest:
https://www.pinterest.com/becominganchoredtb/

Sígame en Goodreads:
https://www.goodreads.com/author/show/22971770.Thomas_Bratton

Visite mi página web y mi blog de alentador:
https://thomasbrattonauthor.com/

Becoming Anchored

Becoming Anchored es un devocional semanal que consta de 52 devocionales de esperanza para fortalecer tu fe y confianza en Dios. Este devocional te guiará mientras creces en tu fe y relación personal con el Señor, y en última instancia te ayudará a anclarte en Él.

La vida tiene muchos altibajos y a menudo puede parecer que intentas navegar una tormenta furiosa en el mar.

Es cuando nos anclamos en el Señor cuando podemos experimentar la paz a través de la tormenta, como cuando Jesús durmió en el barco y fue despertado por sus discípulos.

Continúa tu camino después de este devocional de 30 días y comienza tu año anclándote en Cristo para fortalecer tu fe y esperanza:

*próximamente disponible española
esta en Ingles en Amazon

Gracias

Gracias de nuevo por leer. Si este devocional te ha bendecido, ¿serías tan amable de dejar tu reseña honesta para mí en la página del libro? Realmente ayuda a los autores a promocionar su trabajo, llegar a más lectores e impactar más vidas. Entonces, ¿lo compartirías con un amigo? Gracias.

www.ingramcontent.com/pod-product-compliance
Lightning Source LLC
Chambersburg PA
CBHW070341010526
44107CB00004B/587